PAIDEIA
ÉDUCATION

MIXTE
Papier issu de sources responsables
Paper from responsible sources
FSC® C105338

HERVÉ BAZIN

Vipère au poing

Analyse littéraire

© Paideia éducation.

22 rue Gabrielle Josserand - 93500 Pantin.

ISBN 978-2-75930-335-9

Dépôt légal : Septembre 2023

Impression Books on Demand GmbH

In de Tarpen 42

22848 Norderstedt, Allemagne

SOMMAIRE

- Biographie de Hervé Bazin.. 9

- Présentation du roman.. 15

- Résumé de l'œuvre... 19

- Les raisons du succès.. 43

- Les thèmes principaux... 47

- Dans la même collection.. 51

BIOGRAPHIE DE HERVÉ BAZIN

Poète, novelliste, et romancier français, Hervé Bazin, de son nom de baptême Jean-Pierre Hervé-Bazin, naît le 17 avril 1911, à Angers. En tant que second fils de Jacques-Hervé Bazin (professeur à la faculté de droit de l'université catholique d'Angers, avocat à la Cour d'appel) et de Paule Guilloteaux, fille de sénateur, il fait partie d'un milieu bourgeois et traditionnaliste dans lequel la pratique du catholicisme tient une place prépondérante. Il est issu en outre d'une tradition littéraire familiale : sa grand-mère paternelle, Marie Bazin, écrivait sous le pseudonyme de Jacques Bret et son grand-oncle René Bazin occupait l'un des sièges de l'Académie française. Agé de six ans, il est confié aux soins de sa grand-mère avec ses deux frères, tandis que ses parents embarquent pour la Chine en 1917. Ceux-ci rejoignent leurs enfants trois années plus tard, lors du décès de la grand-mère d'Hervé Bazin. Ce dernier entretiendra des rapports difficiles avec sa mère qui semble avoir fait montre envers son fils d'une grande sévérité, attitude qui alimentera très tôt en lui un fort esprit de rébellion – qu'il mettra au service de son célèbre pendant, le personnage de Brasse-Bouillon. A cette autorité maternelle s'ajoutait pour le jeune garçon le poids de l'autorité professorale et de la rigueur des préceptes religieux. La scolarité d'Hervé Bazin se déroula donc d'une manière chaotique et il incarna assez vite le stéréotype du cancre de bonne famille. Instruit par préceptorat jusqu'en 1922, il change ensuite à loisir de pensionnats, desquels il fugue ou se fait renvoyer. Sous la pression familiale, il finit par étudier le droit et semble en cela marcher sur les traces de son père. Mais le jeune homme ne se présente pas à ses examens et, en 1932, il s'établit à Paris pour préparer enfin la licence de lettres à laquelle il aspirait. Après l'obtention de son diplôme à la faculté de la Sorbonne, c'est le début d'années vaseuses, où Hervé exerce de nombreux petits métiers, sans parvenir à trouver sa voie.

Son père tente toutefois de l'intégrer dans les entreprises de la famille. Hervé collabore ainsi à des revues épisodiques et à partir de 1934, il devient journaliste à *L'Echo de Paris*. Après la guerre, il travaille pour *L'Information, L'Intransigeant*, et *France-Soir*. En 1934 a lieu cependant un déclic avec la découverte de la poésie, matière dans laquelle il persévérera si bien qu'il obtient le prix Apollinaire en 1947 pour son tout premier recueil poétique, Jour, qui sera suivi d'un autre recueil intitulé *A la poursuite d'Iris* (1948). L'année de son prix de poésie, Paul Valéry l'invite à se tourner vers le roman. L'année précédente, il avait notamment créé la revue poétique *La Coquille* qui n'avait pas rencontré de succès et qui ne compta que huit numéros. Malgré tout, un futur membre de l'académie Goncourt y fut publié : Robert Sabatier. Par la suite, sa vie personnelle connaît quelques déboires : il doit ainsi faire face au premier de ses trois divorces, qui sera prononcé en 1948. Mais un an à peine après la publication de son recueil *Jour*, sort officiellement chez Grasset son premier roman *Vipère au poing*, un face-à-face romanesque, empreint de haine, entre le personnage de Folcoche et son fils Brasse-Bouillon. Rédigée en l'espace de quelques mois, l'œuvre est un immense succès après-guerre. Elle forme le premier volet d'une trilogie qui mettra de nouveau en scène le duo mère-fils, avec *La Mort du petit cheval* (1950), et *Le Cri de la chouette* (1972). Mais, il est à noter que *Vipère au poing* n'est pas son coup d'essai : l'auteur avait déjà écrit quatre romans qui ne furent jamais publiés. Le succès de *Vipère au poing* le propulsa parmi les auteurs les plus lus de sa génération. Après ce premier roman qui fit largement polémique – du fait qu'il s'attaquait à l'image maternelle – il continua sa nouvelle carrière de romancier avec la publication d'autres livres qui explorent eux aussi le thème des rapports familiaux, tels que *Lève-toi et marche* (1950), l'histoire d'une paralytique ; *Qui*

J'ose aimer (1952), le récit d'une relation incestueuse entre un beau-père et sa fille ; *L'Huile sur le feu* (1954), qui décrit les relations entre une adolescente et son père incendiaire ; *Au nom du fils* (1960), une louange vibrante de la paternité ; *Le Matrimoine* (1967) ; ou *Madame Ex* (1975). En 1949, en rejoignant le Mouvement de la paix (un mouvement lié au parti communiste, créé après la seconde guerre mondiale) et en publiant *La Tête contre les murs*, il démontre qu'il est un écrivain engagé. Il milite ainsi pour l'amélioration des conditions de vie dans les hôpitaux psychiatriques. (Il avait été lui-même interné plusieurs fois suite à un grave accident de voiture, entre les années 1937 et 1940.) En 1955, il continua son combat en publiant une enquête sur les hôpitaux qu'il avait visités durant l'année précédente. Dans une dernière période, son œuvre prend des allures de bilan et, en 1984, il publie un livre de souvenirs nommé *Abécédaire*. Dans *Le Démon de minuit* (1988), il narre l'histoire d'un septuagénaire qui, par l'intermédiaire d'une jeune femme, est bien décidé à défier la mort et la vieillesse, et à jouir le plus longtemps possible des plaisirs qu'offre la vie terrestre. Hervé y réaffirme son appétit indéfectible pour la vie ainsi que son refus de suivre les conventions. Enfin, *L'Ecole des pères* (1991) sonne le temps d'une réconciliation définitive avec son père. L'écrivain y narre les efforts de parents indulgents, qui tentent de s'adapter aux mœurs modernes de leurs enfants. Dans son tout dernier roman, *Le Neuvième jour* (1994), il décrit le courage dont fait preuve un personnage aux prises avec une inquiétante épidémie surnommée la « surgrippe ». Ce dernier roman, bien différent de tous les autres, montre les inquiétudes que nourrit l'écrivain pour l'avenir des hommes. Le livre est une résonnance de son essai *Ce que je crois* (1977). Dans cet écrit, il s'interrogeait notamment sur l'avancée de la science. La consécration fut tardive pour le raté de la famille

Bazin, mais étourdissante. Il obtint ainsi le prix de Monaco en 1957, rejoignit les rangs de l'académie Goncourt en 1960 – et finira même par la présider à partir de l'année 1973. On lui décerne de surcroit le prix Lénine de littérature en 1980, et le président François Mitterrand lui remet la cravate de commandeur de la légion d'honneur en 1991. Hervé Bazin, souvent considéré au vu de son œuvre comme « le romancier de la famille », lui-même père de sept enfants qui lui inspirèrent certains de ses personnages, s'éteint le 17 février 1996 dans sa ville natale, des suites d'une attaque cérébrale.

PRÉSENTATION DU ROMAN

Le 19 janvier 1948, Bazin porte lui-même son manuscrit à la maison d'édition Grasset, qui – fait exceptionnel – signe au bout de trois jours à peine un contrat avec l'écrivain. *Vipère au poing* enthousiasme l'éditeur. Et malgré des critiques dépréciatives, l'œuvre connaît en effet un succès immédiat et retentissant. Grand classique de la littérature adolescente, ce roman largement autobiographique a pour principal sujet la maltraitance infantile. Roman populaire, il fera l'objet d'une adaptation télévisuelle en 1971 et d'une adaptation cinématographique en 2004 (Catherine Frot y campe le rôle de Folcoche). Le tempérament rebelle d'un Brasse-Bouillon avide de vengeance plaît aux adolescents, et les professeurs de collège participent au succès de l'œuvre qu'ils font étudier en classe. Hervé Bazin a su convaincre un public de masse et deviendra l'un des auteurs les plus lus de la seconde moitié du vingtième siècle.

Le récit met en scène la vie de la famille Rezeau, une famille craonnaise, établie depuis plus de deux siècles à *La Belle Angerie*. Issus de la bourgeoisie conservatrice et religieuse, les Rezeau s'enorgueillissent de leur position sociale. Mais, désargentés, ils n'ont plus les moyens de leurs prétentions et se contentent de sauver les apparences aux yeux de leur entourage. Hervé Bazin s'attaque aux mœurs désuètes de cette bourgeoisie en déclin grâce au personnage de Jean, alias Brasse-Bouillon, qui défie de manière continuelle l'idéologie portée par sa famille. Il est l'adversaire principal de Mme Rezeau, une mère acariâtre et manipulatrice. Il conteste avec véhémence les idées politiques, l'hypocrisie sociale et religieuse d'une famille rétive à toute forme de progrès, famille qui se complaît dans l'illusion de ses « vieilles gloires ».

Le roman a choqué par la violence de son ton. La haine que le narrateur voue à sa mère y est croissante, et trouve son apogée dans une tentative d'empoisonnement commune de la part des trois enfants à l'encontre de leur génitrice. Toutefois, les deux personnages se reconnaissent l'un chez l'autre. Cette haine tenace n'est pas exempte d'admiration et ce combat devient le fil rouge de leurs existences. Elle devient vite addictive et sa relation avec sa mère conditionne le comportement de Brasse-Bouillon. Face à ces traumatismes, celui-ci développe une forte capacité de résilience. La forme autobiographique permet à l'auteur de mettre à distance ses malheurs d'enfant grâce à une arme puissante : l'humour (et bien souvent l'humour noir).

RÉSUMÉ DE L'ŒUVRE

Chapitre 1 :

L'action se situe dans la commune du Craon, sise dans le département de la Mayenne en région Pays de la Loire, en 1922. Le narrateur trouve une vipère endormie. Il est fasciné par la beauté de sa peau, qu'il compare à du bronze qui brille sous le soleil. L'incipit renvoie au titre du roman, car l'enfant Jean Rezeau serre dans son poing le cou de la vipère. L'auteur établie un parallèle avec l'histoire du demi-dieu Hercule, personnage connu pour sa force - ce dont Jean semble bien être pourvu puisque que le verbe « serrer » est répété avec insistance. L'enfant ne lâche jamais prise, et étouffe ainsi la bête. La déesse Héra avait introduit un reptile dans le berceau d'Hercule, qui en avait aussi eu raison. L'histoire mentionne également que le nouveau-né avait été rejeté par la déesse lors de l'allaitement. Révélateur, ce mythe renvoie au rejet maternel et à sa pire extrémité – l'infanticide. La vipère est par ailleurs comparée à la mère de Jean, qu'il surnomme déjà « Folcoche ». La figure maternelle est assimilée dès le début du récit au danger et à la haine. Le narrateur compare avec amusement le regard étincelant de la vipère à celui de sa propre mère. Non sans ironie, il insinue que la prédation est un jeu vipérin dont le caractère de sa mère n'est peut-être pas exempt… Les réflexes – sûrement post-mortem – des muscles, permettent au corps de la vipère d'épouser des formes diverses, que l'imagination de Jean interprète tour à tour comme un bâton de Moïse, une crosse épiscopale, un point d'interrogation, et finalement un point d'exclamation. Jean joue ensuite longuement avec le cadavre du serpent qui éveille toujours sa curiosité. Il est interrompu par la sonnerie de la cloche de *La Belle Angerie*. A la vue de son trophée, Mlle Ernestine qui porte dérisoirement le nom de « Lion » mais qui ne possède manifestement pas le courage du noble animal, pousse un hurlement. La situation s'apparente alors à une scène de théâtre. Toute la maison est secouée : le brouhaha des pas affolés, des exclamations et des interrogations dénonce un affolement général. Le hurlement initial est donc sitôt suivi d'une forte agitation collective, dont le narrateur nous fait observer clairement le grotesque. Car, à ces réactions excessives s'oppose la lâcheté et l'inaction des habitants de *La Belle Angerie*, qui face au danger, reculent à l'unisson. (A l'exception près de sa grand-mère, à laquelle l'auteur vouait un profond respect : elle rejoint la scène par la « porte d'honneur », un symbole ici des plus explicites ; c'est elle qui prend la situation en main en faisant tomber le serpent à terre.) L'oncle de Jean est particulièrement raillé dans ce passage où il est comparé à l'archange St Michel, alors qu'il assène des coups à un serpent inerte. Hervé Bazin montre qu'il ne rend pas honneur aux valeurs chrétiennes qu'il croit incarner, du fait de sa charge ecclésiastique de protonotaire. C'est lui qui administre une fessée à Jean.

Chapitre 2 :

Le narrateur fait la description du domaine de *La Belle Angerie*. Il explique la vanité du toponyme employé pour désigner la propriété familiale. En effet, *La Belle Angerie* est un nom qui a remplacé le terme « boulangerie ». La famille Rezeau y vit depuis plus de deux siècles. C'est une vaste propriété qui a été agrandie au fil du temps afin de montrer l'aisance de ses propriétaires. Le narrateur dresse ironiquement la liste des bâtiments qui composent *La Belle Angerie* – lieu en déliquescence. Sa description sert surtout à montrer l'attachement des Rezeau à leurs murs. La famille vit dans le passé, et se refuse à tout modernisme. Les Rezeau ne disposent d'aucune commodité : ils n'ont ni le téléphone, ni le chauffage, ni l'eau courante. Ce sont, comme l'explique le narrateur, des « mythes ». L'endroit est humide et n'est habitable que pendant la période estivale. Le narrateur explique d'ailleurs que du temps de sa grand-mère, la famille n'y séjournait que périodiquement. A l'arrivée de leurs parents, *La Belle Angerie* est devenue leur résidence principale. Le narrateur fait une description péjorative de la région qui ne présente à ses yeux aucun intérêt notable. Son climat en fait même un territoire hostile à l'homme. Il brosse de surcroît un portrait peu flatteur des craonnais. Maladifs et même atteints de dégénérescence, ils se complaisent dans les fonctions les plus basses. Ce sont pour la plupart des métayers sans envergure qui se caractérisent principalement par une servilité ancestrale et persistante, qui ne savent engendrer que des « bidards » (domestique qui figure tout en bas de la hiérarchie dans une maison bourgeoise) et des valets miséreux. Le narrateur parle ensuite de sa propre lignée. Il est le petit-neveu de l'académicien René Rezeau, personnage qui renvoie à René Bazin. Ce dernier, à son contraire, avait acquis sa notoriété auprès de la bourgeoisie catholique, et avait produit une littérature qui démontrait son attachement aux anciennes valeurs. Il est, en cela, l'exacte opposé d'Hervé Bazin, et constitue donc une cible de choix pour la plume piquante de son petit-neveu, qui ridiculise le héros de sa famille. Il parle ensuite de son grand-père et de sa femme Marie, de son père Jacques et de son oncle Michel (le protonotaire). Enfin, le narrateur explique que son père a fait un mariage d'argent, en épousant « Paule Pluvignac », fille de bonne famille. Il dénonce ainsi la vanité de sa famille désargentée qui s'attache avant tout à préserver les apparences. L'époque où il vivait encore avec sa grand-mère constitue pour le narrateur un âge d'or. C'était alors un enfant bien disposé et même excessivement en certains cas. (Il explique ainsi qu'il avait fait un jour de son propre chef acte de pénitence, en nouant une ficelle autour de sa taille.)

Chapitre 3 :

Le narrateur aborde la mort de sa grand-mère et témoigne du courage dont elle a fait preuve, souhaitant partir avec sa dignité intacte. Il exprime sa grande tristesse de perdre cette femme stricte mais aimante et au combien plus maternelle que ne le fut sa mère biologique.

Chapitre 4 :

Jean parle de l'indifférence de ses parents, qui lors de leur voyage, n'avaient pas écrit à leurs enfants et s'étaient contentés pour Noël de leur envoyer une carte impersonnelle. Le couple revient en France afin de régler des affaires pressantes, et parce que personne ne peut prendre en charge les deux enfants. A la gare de Segré, les retrouvailles sont désastreuses. Sous les yeux de leur tante et de leur gouvernante, Mme Rezeau gifle ses fils. Leur père ne manifeste aucune réaction. Il leur ordonne simplement de se relever. Ils rencontrent pour la première fois leur petit frère Marcel. Jean est malmené alors qu'il peine à transporter une valise trop lourde.

Chapitre 5 :

La famille est réunie pour le pire et Jean fait aussitôt référence aux « Atrides », une famille maudite dans la mythologie grecque. La formule hilarante « Atrides en gilet de flanelle » tourne en ridicule le raffinement affecté des Rezeau. Jean livre une analyse sévère du caractère de son père, homme faible et manipulable. Ce dernier démissionne de la faculté de droit pour s'installer à la campagne et y étudier l'entomologie (il a une prédilection pour les mouches). La mère collectionne les timbres, et passe le plus clair de son temps à rudoyer ses trois enfants. Marcel semble cependant être favorisé. Jean, surnommé Brasse-Bouillon, est quant à lui, le mouton noir de la famille. Les enfants commencent leurs études et les précepteurs défilent avec en premier lieu le « père blanc », qui appartient à la société des missionnaires qui luttait contre l'esclavage en Afrique. (Il fit preuve apparemment d'un trop grand zèle dans ses tentatives d'évangélisation.) Mme Rezeau congédie plusieurs domestiques et profite du handicap d'Alphonsine pour alourdir sa charge de travail sans la rémunérer davantage. Le narrateur-personnage finit de faire le tour de son entourage en mentionnant les gens du voisinage qu'il appelle ironiquement des « serfs ».

Chapitre 6 :

Les enfants sont convoqués par les adultes afin de prendre connaissance du nouveau règlement de la maison. Leur nouvel emploi du temps est très strict. L'exposé de leur père est ponctué par les interventions intempestives de Mme Rezeau, qui a du mal à réprimer son envie de tout contrôler. Dès son départ, elle retire à ses enfants le peu de confort matériel dont ils disposaient encore, va jusqu'à exiger que leurs cheveux soient tondus, et les congédie froidement.

Chapitre 7 :

Mme Rezeau s'avère de plus en plus tyrannique et ne cesse de trouver de nouvelles règles propres à compliquer l'existence des petits. Ceux-ci n'ont qu'une alliée en la personne de leur gouvernante qui tente de prendre leur défense. Ceci n'est pas du goût de Mme Rezeau qui cherche un motif de renvoi à l'encontre de Mlle Ernestine Lion. Frédie tombe malade, mais madame Rezeau refuse la proposition d'Ernestine de le soigner dans sa chambre qui est chauffée. Elle le force à ingérer de l'huile de ricin. Frédie vomie sur la robe de sa mère, et celle-ci le gifle violemment. Les nerfs de la gouvernante craquent devant ces sévices, et elle démissionne de son poste. Les choses empirent : Mme Rezeau veut interdire la promenade dans le parc. Pour manipuler son mari, elle feint de s'inquiéter de leur sécurité, prétextant la dangerosité des routes pour des enfants aussi indisciplinés... Ce disant, elle plante les dents d'une fourchette sur la main de Brasse-Bouillon qui ne se tient pas correctement à table. Le père proteste à ce geste, mais sans grande conviction. Il cède rapidement à la demande de sa femme. La promenade devient vite une leçon de désherbage. Mme Rezeau commande ensuite des sabots de fermier pour chausser les enfants. Le mari ne voit pas d'un bon œil ces changements qui égratignent l'image sociale des Rezeau, mais ne trouve toujours pas la force de contredire sa femme. La mère finit par dérober l'argent de poche et les objets de valeur des enfants. Finalement, Mme Rezeau veut instituer la confession publique. Elle convainc son mari en touchant à une corde sensible : la rivalité entre Rezeau et Kervazec. C'en est trop pour Brasse-Bouillon et Frédie. Ce dernier, privé de lecture, dans un moment de rage, trouve par hasard le sobriquet de « Folcoche », contraction des mots « folle » et « cochonne ».

Chapitre 8 :

Jacques, Perrault, le père Trudel, et les trois enfants, partent à la chasse, et elle est particulièrement fructueuse. Jacques parvient même à toucher un renard charbonnier (animal extrêmement rare en France). Leur triomphe est gâté par la réaction de Folcoche qui leur reproche leur retard. Le père tente de s'affirmer auprès de sa femme, mais elle reprend habilement la situation en main. Elle se montre particulièrement désagréable avec le métayer Perrault, qu'elle a déjà prévu de renvoyer. Elle laisse ensuite libre cours à sa colère et bat ses trois enfants. Brasse-Bouillon lui rend ses coups et se sent fier de lui-même.

Chapitre 9 :

C'est l'hiver dans la région craonnaise, et les enfants vivent maintenant depuis deux ans avec leurs parents. Ce jour-là, ils assistent au départ du père Trudel, chassé par Jacques Rezeau, furieux d'apprendre que le précepteur s'est livré à des gestes déplacés envers une jeune fille. Par la suite, Mme Torure réclame une part de l'héritage laissé par la grand-mère de Brasse-Bouillon, ce qui indigne leur mère. Leur père compense en cachette la tante. Les Rezeau font face à la mort inexpliquée de leurs chevaux. Brasse-Bouillon défie sa mère à table. Le jeu consiste à soutenir son regard le plus longtemps possible : les enfants l'appellent la « pistolétade ». La haine s'intensifie, et les enfants vont jusqu'à graver sur des arbres les lettres « V » pour vengeance et « F » pour Folcoche. Le père Trudel est remplacé par un quatrième abbé, Folcoche est prise d'un malaise. Le docteur est appelé.

Chapitre 10 :

Deux jours après, Folcoche est toujours malade mais refuse de se soigner. La réception mondaine organisée par les Rezeau est maintenue. Mais les finances du ménage ne sont pas au beau fixe et les trois garçons doivent partager le même complet durant la soirée. Le quatrième précepteur n'approuve pas les méthodes éducatives de Mme Rezeau, qui exige de Brasse-Bouillon qu'il lui confie le contenu de leur conversation. L'abbé est renvoyé. Le cinquième précepteur, Athanase Dubois, ne reste que huit jours et alerte l'archevêché. Le recteur de Solédot est envoyé chez les Rezeau. Jacques Rezeau conteste les accusations de maltraitance. Pour ne pas risquer de perdre l'indult, il fait un don de deux milles francs au diocèse. Le sixième précepteur vient du Canada et semble mieux s'accoutumer que ses pairs au mode de vie des Rezeau. Il appartient à la congrégation de Marie-Immaculée, institut missionnaire fondé à Marseille en 1816.

Chapitre 11 :

Le médecin est inquiet : Mme Rezeau doit se faire opérer de toute urgence de la vésicule biliaire. C'est avec une profonde réticence qu'elle finit par monter dans l'ambulance. Elle craint de perdre son emprise sur les habitants de *La Belle Angerie*. Le narrateur mentionne la date exacte de ce jour mémorable : le 14 juillet 1927 (jour de libération nationale qui reflète leur propre libération). Pourtant, la maison est bien vide après son départ et les enfants sont désorientés. Ils ne savent pas comment meubler ce silence si nouveau. Cependant, comme par miracle, le soleil illumine la tapisserie *Amour et Psyché*. (Il existait chez les Bazin une tapisserie célèbre dans la famille. Le soleil ne pouvait parvenir sur cette tapisserie qu'aux jours les plus longs de l'année. Du temps de sa grand-mère, la tradition voulait qu'on s'embrasse lorsque le petit amour était illuminé.) Leur père Jacques remarque lui aussi le phénomène. Mais les enfants, traumatisés, ne sont plus capables de se laisser aller à leur vulnérabilité. Le quotidien s'allège : les confessions en public sont abolies, l'accès au parc est autorisé, ils s'adonnent aux joies de la pêche, et

M. Rezeau partage avec eux sa passion des syrphidés. Il les instruit de sa vision du monde lors de promenades nocturnes. Après trois mois, les enfants sont appelés au chevet de Mme Rezeau, à la clinique d'Angers. Mais elle renonce bientôt à ces visites où elle fait pâle figure.

Chapitre 12 :

Le cas de Mme Rezeau s'est aggravé. Le risque de mort est bien réel. Elle refuse pourtant de recevoir l'extrême onction. Les enfants se réjouissent de cette nouvelle et entament une ronde en chantant. Cependant, Mme Rezeau a une volonté de fer : après une double ovariotomie, elle semble en bonne voie de guérison. On apprend par une discussion entre M. Rezeau et sa sœur, la comtesse Bartolomi, que sa femme et lui sont mariés sous le régime de la séparation des biens. M. Rezeau profite de l'absence de sa femme pour convier d'autres spécialistes des insectes. Les garçons mettent de côté des vivres et de l'argent. Leur mère débarque à la maison à l'improviste à l'heure du souper, après être partie de la clinique sans attendre l'accord médical.

Chapitre 13 :

Folcoche tente de reprendre le contrôle de *La Belle Angerie*. Elle découvre avec un vif déplaisir que la famille a gagné en autonomie durant son absence. Afin de regagner son pouvoir, elle se livre à de nombreuses tentatives de domination, mais se heurte à l'autorité de l'oblat et de son mari. Elle tente d'abord de restreindre à nouveau le périmètre de jeu, mais M. Rezeau préfère que ses garçons fassent de l'exercice. Elle n'a pas non plus le loisir de redevenir directrice de conscience : l'oblat met en évidence le fait que les enfants sont trop âgés pour se confesser devant tout le monde. Elle essaie d'éloigner de ses enfants Petit-Jean, qui pourrait constituer à leur égard un mauvais exemple. L'oblat se porte garant du petit Barbelivien qui a vocation à rejoindre les ordres. Il mentionne pour compléter son argumentation qu'il bénéficie de l'accord de M. Rezeau. Elle veut comprendre d'où viennent les rillettes que mangent les enfants au goûter. Elle apprend alors avec colère qu'ils doivent ce petit luxe au travail de Jean, qui vend du poisson et du gibier. Elle l'accuse de braconnage et fait venir son mari. Mais à son grand dépit, il ne manifeste pas la réaction attendue. Celui-ci est au contraire impressionné par les talents de chasseur de Brasse-bouillon. Loin de lui faire des reproches, il lui alloue mensuellement un nombre de six cartouches. Ses enfants ont bien grandi : Folcoche constate que les gifles sont devenues inutiles. Face à ces échecs répétés, elle comprend progressivement qu'elle doit changer de tactique si elle désire reprendre le contrôle de la maison. « Diviser pour mieux régner » constitue la nouvelle stratégie de Folcoche qui commence par Petit-Jean. Elle en fait l'élève officiel de l'oblat. Ce dernier et M. Rezeau ne se doutent pas du but de la manœuvre et donnent satisfaction à cette requête. Petit-Jean refuse dorénavant les services auxquels il avait habitué ses camarades en cessant de faire des courses pour eux. Toutefois, le résultat est mitigé car Folcoche échoue à en faire un espion : il a peur d'un autre côté que les enfants ne révèlent aux alentours son secret d'embrasser la profession de curé. Elle tente une approche avec Fine et va jusqu'à lui proposer une augmentation de salaire. Devant son refus, elle menace maladroitement de la renvoyer. M. Rezeau lui défend catégoriquement d'agir ainsi : il ne veut pas donner à la famille l'opportunité de jaser contre eux. Elle enjôle son cadet Cropette en lui prodiguant des présents et des privilèges. Elle désire par exemple lui faire sauter une classe ; l'oblat accepte cet arrangement qui allège sa part de travail. Cropette accepte docilement ce traitement de faveur. Il joue sur les deux tableaux en acceptant de devenir l'agent double de ses frères. Grâce à son aide, ils anticipent une fouille et évacuent leur butin. Pourtant, leur confiance est limitée et ils ne révèlent pas à Cropette l'emplacement de leur nouvelle cachette. L'humeur plus flexible de Mme Rezeau est attribuée à la réussite de son opération. M. Rezeau reçoit une lettre du comte de Poli, un ami rencontré en Chine, qui le convie chez lui. Sa femme refuse de l'accompagner mais tient à garder auprès d'elle Marcel.

Chapitre 14 :

Folcoche fait quelques méchancetés puériles à ses fils Frédie et Jean. Elle se donne du mal pour que leur tenue vestimentaire paraisse négligée. Mais les enfants ont réponse à tout et comptent sur l'orgueil paternel pour arranger les choses. Lui-même est sur son trente-et-un (Brasse-Bouillon soupçonne que ses efforts ont un rapport direct avec la fille du comte). Du reste, celui-ci est particulièrement bien disposé, ravi qu'il est de partir en escapade sans sa femme. L'ambiance est festive dans la voiture, dans laquelle ont pris place Frédie et Jean. La ruse prend et Jacques Rezeau fait des achats à Angers pour vêtir convenablement ses fils avant de faire route vers le Gers. L'autre but de ce voyage consiste à se renseigner sur les origines nobles des Rezeau qui descendraient des Tanton. A Doué-la-Fontaine, M. Rezeau s'entretient avec le secrétaire de mairie et accède aux archives municipales. Brasse-Bouillon s'intéresse au sort d'une certaine Rose-Mariette Rezeau. Il dérobe un pétale de rose collé sur son acte de naissance, pétale qui fit office de signature maternelle, et le cache dans son scapulaire, comme s'il s'agissait d'une relique sainte. Ils continuent leurs recherches dans d'autres localités. Sur le chemin, M. Rezeau, ancien engagé volontaire, a également prévu de passer du temps avec de vieux camarades. Ils rejoignent ainsi le domicile de l'abbé Toussaint Templerot à Montenvot-sur-la-Dronne, dans le département de la Charente. C'est lui qui avait porté secours à leur père alors qu'il avait été touché dans le dos. L'abbé et sa bonne Marie sont très accueillants. Bon vivant, l'abbé exhorte les adolescents à boire plus que de raison et Marie se montre très maternelle avec Brasse-Bouillon. A Mas-d'Agenais, l'ancien caporal de M. Rezeau les accueille également chaleureusement. Enfin, la famille parvient à sa destination finale : le château de Poli. Une déception attend leur père : le comte n'est plus lui-même car sa raison décline. Mais le charme de sa fille Yolande le console assez vite de cette mauvaise surprise. Les deux enfants profitent des avantages de la vie de château. Toutefois, Brasse-Bouillon ne peut s'empêcher de penser à sa mère et décide d'écrire à Marcel. Son frère leur apprend que le père Vadecoeur a été remplacé par l'abbé Traquet et que leur cachette a été découverte. Visiblement ragaillardi par la présence de Yolande, Jacques critique vigoureusement le toupet de sa femme. Ses paroles ne sont pas suivies d'actes, car – distrait par la découverte d'un spécimen nouveau – il oublie d'adresser une réponse à Mme Rezeau.

Chapitre 15 :

Les Rezeau sont sur le chemin du retour. Les enfants insistent pour connaître l'océan. Ils quittent donc l'Armagnac en longeant la côte atlantique au lieu de passer par les terres comme à l'aller. Les Rezeau, bien qu'habitant à 100 km à peine de la Baule, l'une des plages les plus longues d'Europe, n'ont pour des raisons de principe et par souci pécuniaire jamais emmené leurs enfants jusqu'à l'océan. En voyant des enfants nager le crawl, le père émet l'idée que les garçons pourraient apprendre à nager dans l'Ommée, mais il ajoute qu'il devra consulter leur mère à ce propos. Brasse-Bouillon remarque qu'à la perspective de retrouver Mme Rezeau, l'attitude de son père change. La camaraderie qu'il affichait jusqu'alors fait place à son habituel effacement devant l'autorité maternelle. Frédie, en particulier, a un mauvais pressentiment : il tient à ce que Jean l'assure de son soutien. Ils passent la nuit chez l'une de leurs tantes, la baronne de Selle d'Auzelle, domiciliée à la Rochelle. Ils prévoient pour le lendemain d'admirer la jetée de la Pallice mais une lettre mystérieuse met fin à leurs projets. Leur père décide tout à coup de se rendre directement à *La Belle Angerie*. Dès leur arrivée, la tension est palpable. Fine paraît très nerveuse. L'abbé Traquet ou « B VII » leur fait une très mauvaise impression. Mme Rezeau fait les présentations et précise que l'oblat a été rappelé par son ordre. Cette explication rassure leur père, qui croyait que sa femme avait une fois de plus fait des siennes. Brasse-Bouillon ressent une antipathie immédiate pour l'abbé Traquet et se montre impertinent envers lui. Les enfants n'ont pas le loisir de se reposer des fatigues du voyage. Ils sont envoyés « fissa » en salle d'études où Cropette est en train de pratiquer sa géographie. Jean signale avec ironie à son cadet une erreur de toponymie entre Petrograd et Leningrad et parodie la formule de l'apôtre Pierre qui a donné son nom à l'ancienne capitale russe : « Tu es pierre et, sur cette pierre, je bâtirai [...] mes petites trahisons. » L'abbé Traquet gifle brutalement Jean et lui assure que son cadet est innocent du forfait dont il le blâme. L'adversaire s'annonce coriace pour Brasse-Bouillon. B VII était aumônier dans une maison d'éducation surveillée : il déclare qu'il a déjà eu raison de fortes têtes. La punition est sévère pour Frédie, dans la chambre duquel ont été retrouvées les provisions. En plus de copier des lignes, il recevra le fouet avant d'être emprisonné dans sa chambre pour une durée d'un mois. Folcoche néglige sciemment la complicité évidente de Brasse-Bouillon, elle compte sur cette injustice pour susciter une animosité entre l'aîné et Jean. Jacques Rezeau refuse de donner le fouet et fuit la situation en s'adonnant au dessin de l'un de ses spécimens, l'abbé hérite de la tâche. Jean veut enrayer le plan de sa mère. Il persuade son frère meurtri de l'intérêt à maintenir une solidarité fraternelle active. Ils décident de tirer parti du premier mai pour amadouer leur père lors de sa fête. Pour redonner le moral à son frère, il leur fabrique un moyen de communication. Le lendemain, conscient que Folcoche les écoute, il confie à Bertine Barbelivien que l'abbé et Ferdinand ont joué ensemble la comédie pour duper leur entourage. Il joue le même genre de tour à l'abbé Traquet. Approcher son père se révèle plus délicat. Celui-ci ne comprend pas pourquoi son fils a délaissé son frère, lui, qui incarne l'opposition dans la maison. Jean lui avoue qu'il est bien le cerveau de l'affaire et lui expose les raisons de son silence. L'explication ne plait pas à M. Rezeau qui considère qu'il exagère le machiavélisme de sa mère. Jean demande à son père de les envoyer tous les trois en pension. Il lui répond qu'il n'en a pas les moyens, mais ce dialogue porte ses fruits, car il promet qu'il annulera la punition de Ferdinand le premier mai. Ce passage ne rend pas honneur à ce père à la fois compatissant et lâche pour lequel Jean ne ressent, dans le fond, aucun respect. Devant Jean, il multiplie les excuses. Il prend pour prétextes sa maladie, l'importance de ses recherches scientifiques et même la franc-maçonnerie – qui l'empêche d'obtenir une place convenable de juge dans la région. Mais c'est essentiellement par pur souci des apparences que leur père ne veut pas d'un travail rémunéré.

Chapitre 16 :

Le jour de la saint Jacques, son père tient sa promesse et Folcoche charge Jean de délivrer son frère. Selon Jean, ce choix n'est pas innocent et vient de le désigner de nouveau comme l'ennemi numéro un. La mégère craint de perdre tout pouvoir sur ses garçons qui grandissent trop vite à son goût. Jusqu'alors, elle se souciait d'employer des subterfuges qui ne portaient pas atteinte à sa crédibilité de mère de famille. Cependant, « la fin justifie les moyens », et Folcoche décide d'employer les grands. Elle consigne désormais ses enfants pour la moindre vétille. Par exemple, pour un encrier renversé, Brasse-Bouillon est cloîtré trois jours dans sa chambre. Elle réclame le fouet contre lui, mais son père et l'abbé résistent, conscients de l'absurdité de ces condamnations, et lui imposent leur véto. En plus de guetter le moindre petit manquement, Folcoche tente maladroitement de pousser Brasse-Bouillon à la faute. Celui-ci fait de l'esprit avec sa mère et « lui demande excuse » en signalant avec satisfaction que cette dernière ne se rend pas compte que la formule est impropre. Son but principal est de brouiller l'abbé et sa mère. Il fait accroire à sa mère que l'abbé siffle son vin à sa barbe, et à l'abbé que Mme Rezeau serait très capable, sous peu, de le renvoyer. Il écrit pour ce faire une lettre à l'abbé Vadecoeur qui répond avec étonnement qu'il n'a pas quitté de son plein gré le service des Rezeau, et transmet cette réponse à l'abbé Traquet. Par stratégie, l'abbé décide de délaisser Mme Rezeau au profit de son mari. Mme Rezeau continue ses actes immatures : elle sale de trop les repas, fait des accrocs aux vêtements de Jean afin de le priver à l'avenir de nouveaux habits. Les enfants contre-attaquent : ils provoquent la mort de ses fleurs avec de l'eau de javel, souillent ses affaires, et abîment sa collection de timbres. Cette guerre ne se cantonne plus à la maison : ils profanent ensemble une église (anticléricalisme qui vise indirectement leur mère). Cette violence va bientôt atteindre un degré inquiétant et une idée diabolique va germer dans leurs esprits, suite à un nouveau tour joué par leur mère. Alors que son mari est absent, Mme Rezeau leur fait servir à déjeuner du poisson périmé. Les enfants décident ensemble de se venger. Il verse une surdose de belladone dans le café de leur mère. Cette tentative de meurtre échoue : Mme Rezeau ne souffrira que d'une colique. Son corps est immunisé contre le poison à cause de l'ingestion continue de cette drogue (mithridatisation). Cet échec ne décourage pas les enfants. Ferdinand propose de recommencer l'opération en employant du cyanure, mais Cropette conteste la validité de ce procédé qui laisse des traces. Brasse-Bouillon, lors d'une expédition navale sur l'Ommée, armé d'une simple épingle, tue avec cruauté une femelle martin-pêcheur qui couvait ses œufs. Ils entendent les appels de leur mère qui vient de constater qu'ils ont franchi la limite du périmètre autorisé. Ils pagaient vers elle et au moment où elle décide de mettre pied sur leur bateau, Jean exécute une habile manœuvre, afin qu'elle tombe directement dans le cours d'eau. Le pseudo accident n'est pas mortel et leur mère rejoint péniblement la rive.

Chapitre 17 :

Jean est consigné dans sa chambre. Ferdinand le prévient que l'abbé va venir le fouetter. Son frère barricade l'entrée de sa chambre et rit d'avance de ce qui va ne pas manquer d'advenir. L'abbé ramène avec lui le couple suivi par la bonne mais Jean, opiniâtre, refuse de céder aux injonctions parentales. Son père refuse de faire venir Barbelivien, il craint de créer un scandale. Impuissant, il se résout à faire preuve de diplomatie en proposant de remplacer le châtiment corporel par une séquestration prolongée. Mme Rezeau proteste énergiquement et décide de faire irruption dans la chambre en passant par la fenêtre, mais cette entrée est bloquée par un matelas. Son audace impressionne Jean qui ne l'imaginait pas capable de grimper jusque chez lui après le bain qu'elle vient de prendre malgré elle. La nuit tombe et les adultes renoncent à prendre d'assaut la chambre. Ils savent que la faim poussera tôt ou tard Jean à renoncer à sa révolte. A part l'abbé, les adultes passent une très mauvaise nuit. Craignant une résistance qui s'éterniserait à son désavantage, Mme Rezeau fait appel à Barbelivien – avec l'accord préalable de son mari – qui parvient à faire sauter la porte à l'aide d'une barre à mine. La surprise est totale devant la vision de cette chambre intacte et vide. Brasse-Bouillon s'est même offert le luxe de refaire son lit. Il a tracé les lettres « V.F » sur une feuille de papier pour tout message.

Chapitre 18 :

Jean a fugué et a pris place dans un train. Il compte se rendre à Paris, où vivent les grands-parents Pluvignec, pour défendre sa cause en tant que leader du « cartel » (surnom donné à l'alliance fraternelle). Il expérimente un sentiment neuf de liberté qu'il compare à la vue panoramique qu'il a depuis son siège sur le paysage extérieur. Il est attiré par une jeune fille dans son compartiment. Son éducation bourgeoise le pousse à s'interroger sur les manières et le langage de la populace, qu'il observe avec un certain dédain. Il prend ensuite pour la première fois le métro pour rejoindre Auteuil. Arrivé à bon port, il entre en discussion avec la concierge de l'immeuble cossu où sont établis ses grands-parents. Celle-ci hésite à déranger la femme du sénateur. La vue d'un défilé de domestiques obséquieux venus l'interroger, agace Jean, qui leur répond en empruntant des manières hautaines. Il cherche à faire valoir son appartenance à la bonne société, malgré la pauvreté de sa mise (le maître d'hôtel est mieux habillé que lui). Il s'adresse au maître d'hôtel en utilisant son prénom et achève ainsi de démontrer la supériorité de son statut. Convaincus, les employés se retirent. Il patiente dans le bureau de la concierge qui le considère avec respect. Sa grand-mère finit par paraître avec ses trois chiens. L'accueil est tiède : son mari est en déplacement et cette visite ne l'arrange pas. Malgré tout, nantie d'un sens pratique à toute épreuve, elle donne les ordres nécessaires. Brasse-Bouillon est lavé, apprêté et installé dans le boudoir. Il observe avec admiration mais retenue la splendeur des lieux. Le soir, le sénateur écoute distraitement le compte rendu de son petit-fils. Il accepte d'arbitrer la situation de manière tout à fait exceptionnelle et apprécie le tempérament de Jean, chez lequel il reconnaît son digne sang. Comme son épouse, il n'a pas de temps à consacrer à d'insignifiantes histoires de famille.

Chapitre 19 :

Le père de Jean arrive le lendemain à Paris. Plus que sa fugue, il reproche à son fils de lui faire perdre la face devant ses beaux-parents, en ayant délibérément fait fi, par sa venue, de l'autorité paternelle. Jean se montre insolent et répond calmement à son père qu'il ne peut pas se prévaloir une autorité qu'il n'a jamais voulu exercer. Il est très en colère contre son père dont la complicité a donné les pleins pouvoirs à une mère abusive. Devant cette remarque, M. Rezeau se lève d'un bond. La grand-mère Pluvignec apparait à ce moment-là et demande à son beau-fils de se calmer. Elle envoie Jean visiter la tour Eiffel avec Josette, qui ne le laisse pas indifférent. A leur retour, M. Rezeau l'assure de son amour, explique que les injustices qu'ils subissent sont à voir comme des petits sacrifices consentis à l'ordre commun. Si Jean parvenait également à mettre de l'eau dans son vin, *La Belle Angerie* deviendrait probablement un endroit vivable. Fait rare, le père et le fils s'enlacent. Le surlendemain, ils rejoignent la gare Montparnasse. Jean confie à M. Rezeau qu'il a été étonné de trouver ses grands-parents si aisés mais son père peste alors contre les Pluvignec. Il avoue à son fils que le sénateur a refusé de l'aider et n'a alloué à son beau-fils que la somme – presque insultante – de cinq milles francs. Par mesure d'économie, ils voyagent en troisième classe. (Ils ne rencontreront personne de leur entourage sur cette ligne-ci.) Jean est curieux de savoir à quel point son grand-père est bien vu dans le milieu politique. Son père lui assure que son influence est négligeable, prenant pour appui le fait que le sénateur n'a jamais réussi à obtenir un poste de sous-secrétaire d'Etat. La cause en serait « un manque de conviction », une pathologique largement répandue, selon lui, chez les Pluvignec. Il manifeste sa désapprobation à la vue d'un voyageur qui a de bien mauvaises lectures : il tient un exemplaire de *L'Humanité*, journal notoirement communiste. Le passage du contrôleur provoque un véritable débat politique dans le compartiment. La nature des titres de transport laisse en effet entrevoir les disparités sociales entre voyageurs. Les deux protagonistes de ce débat sont le lecteur du journal (cheminot bénéficiaire d'une carte de transport), et M. Rezeau, qui défend l'honneur de sa caste. Le communiste reproche à la bourgeoisie son oisiveté et lui fait remarquer qu'il doit son pourcentage de réduction à la lutte ouvrière. M. Rezeau expose que ce maigre privilège n'est rien en considération de l'argent qui a été prélevé à la classe rentière par l'Etat.

Le communiste descend du train avec un air de triomphe ; M. Rezeau jette par terre avec humeur le journal oublié. Avant de descendre, il annonce à Jean qu'il bénéficiera d'une « grâce ». Le terme ne plaît pas à son fils qui lui rappelle qu'il ne fait que réparer une injustice.

Chapitre 20 :

Jean est de nouveau à la maison où l'atmosphère est morose. Son escapade a fait revoir sa position à sa mère, qui fait mine de s'en désintéresser ; ses frères sont également distants. Il décide d'aller méditer sur son taxaudier. Après avoir fait le point sur son existence, il décide de faire définitivement une croix sur son héritage familial et ne se considère plus comme un Rezeau ou un Pluvignec. Il fait un véritable serment de haine à tout ce qui le rapprocherait de sa famille dont il renie dorénavant la totalité des valeurs.

Chapitre 21 :

Les enfants sont en vacances. Les Rezeau préparent une exceptionnelle réception mondaine en l'honneur de l'académicien René Rezeau. Mme Rezeau gémit devant cette nouvelle dépense qui pèse considérablement sur les faibles moyens du ménage. M. Rezeau, toujours soucieux des apparences, ne prête aucune attention à cet épineux problème. Le maître de maison jubile à la vue de cette respectable assemblée et tente vainement de transmettre son enthousiasme à Jean, qui ne voit dans cette réception qu'une comédie de mauvais goût. Il pressent que le temps des Rezeau est compté et compare cette journée à un « chant du cygne ».

Chapitre 22 :

Après cette dépense fâcheuse, la privation s'inscrit au cœur du quotidien et les enfants ne partiront pas en vacances. Jean et Ferdinand vivent leurs premiers émois amoureux. Jean s'enhardit plus avant que son frère et réussit à séduire la petite paysanne Madeleine. Toutefois, elle n'est pour lui qu'un amusement passager.

Chapitre 23 :

Après cette victoire, il prend en assurance : il est devenu un homme. Sa mère sent qu'il a quelque chose de changé. Jean compare leurs attributs ; la ressemblance est remarquable. Cette proximité lui permet d'anticiper son nouveau projet. Elle désire qu'il quitte la maison et conçoit un piège pour le faire accuser de vol. Jean la surveille de près et constate qu'elle voulait dissimuler dans sa chambre un portefeuille. Il sait que la partie n'est pas gagnée et qu'il aura du mal à se défendre en pareilles circonstances. Aussi, il choisit l'option d'une confrontation directe.

Chapitre 24 :

Il rend à sa mère le portefeuille. Il sait tout, et veut traiter avec elle. Celle-ci nie les faits et veut manipuler son mari. Mais Jean prétend que ses frères peuvent témoigner en sa faveur. Sa mère consent à les envoyer chez les jésuites. Jean profite une dernière fois des faveurs de Madeleine et lui annonce son entrée au collège. Celle-ci pleure tandis qu'il rit.

Chapitre 25 :

Mme Rezeau a habilement manœuvré. Leur père a posé des candidatures dans la magistrature et abandonné ses recherches entomologiques pour payer les études de ses fils. La perte de son autorité laisse un goût d'amertume à Folcoche qui prédit à son fils un avenir funeste. Jean prend conscience de ce qu'il est advenu de lui. Il le doit aux enseignements de sa mère, qui lui a transmis sa méfiance et sa haine du monde. Il rejette tout à la fois Dieu, sa famille, l'amour (qui n'est que faiblesse), et son milieu social. Dans cet excipit, la boucle est bouclée : victime d'un véritable fatum, Jean est voué à la solitude. C'est avec un orgueil sans mesure qu'il se compare à l'archange qui terrasse le serpent de la création. Sa haine ne connaitra aucun répit : il marchera toujours « une vipère au poing ».

LES RAISONS
DU SUCCÈS

Le succès du roman est à la hauteur de l'indignation qu'il soulève, mais pourquoi *Vipère au Poing* a-t-il tant choqué ses contemporains ? Dans la première moitié du vingtième siècle, il existait un clivage d'opinion entre la bourgeoisie bien-pensante et les classes populaires qui avaient commencé à revendiquer de nouveaux droits. Dans le contexte de l'époque, l'œuvre est mal accueillie par l'élite intellectuelle bourgeoise, dont l'opinion compte dans le milieu littéraire. Mais Bazin plaît aux masses. En 1948, le roman est proposé au prix Goncourt. Colette aurait voté contre *Vipère au poing* en s'exclamant : « La fille de Sido ne peut couronner le fils de Folcoche. » Le sujet du roman est tabou à l'époque de Bazin. Le thème de la violence infantile est pratiquement inconnu dans la littérature française à ce moment et on trouve davantage de fils ingrats que de mères indignes. On a bien quelques précédents avec *L'Enfant* (1878) de Jules Vallès qui avait aussi fait des remous en son temps, ou le roman de Jules Renard, *Poil de carotte* (1894). Toutefois, Jules Renard avait écrit une œuvre fictionnelle et force est de reconnaître que *Vipère au Poing* fait scandale principalement par son caractère autobiographique. Le choc vient également de la violence du ton employé par Bazin qui use de toute sa rhétorique pour traduire la haine inouïe de son héros Brasse-Bouillon. On reproche ainsi à l'auteur de laver son linge sale en public. C'est le cas d'Albert Béguin lorsqu'il parle d'un « livre insurrectionnel » en 1948. Le problème réside notamment dans le fait que Bazin a égratigné l'image de l'Académie française, au travers du portrait à charge de son grand-oncle René Bazin (René Rezeau dans le roman). Il met ainsi à mal les valeurs traditionnelles que celui-ci représente, à savoir les valeurs religieuses et familiales du milieu bourgeois. L'auteur craint notamment des procès familiaux à son encontre, et se défendra toujours du caractère réel de ses écrits. En 1984, lors d'une interview filmée, il affirme cependant avoir exploité son expérience personnelle « à une courte distance » dans ses premiers livres. Ce doute persistant entre fiction et réalité nourrira la critique de ses différents détracteurs. La polémique soulevée par le roman connait des soubresauts. Ainsi, en 1983, Hervé Bazin et Claude Gallimard signent un contrat pour rejoindre la prestigieuse collection de la Pléiade, mais les éditions du Seuil refusent de laisser Bazin publier chez la concurrence. Durant cette période, l'écrivain Bernard Frank expose son indignation à la maison Gallimard qu'il accuse de vouloir tirer profit du lectorat massif de Bazin. Il prévoit que l'auteur, poursuivi par le scandale de son premier roman, ne pourra jamais figurer dans cette collection sans en mettre à mal le renom.

A la fin du dix-neuvième siècle et dans la première moitié du vingtième siècle, les romanciers s'attardent à observer la société contemporaine. Bazin pourrait ainsi être rattaché au réalisme : ancien journaliste, il a le goût du fait divers et de la documentation. Il reprend dans son œuvre le thème de la famille, hérité du roman réaliste classique – un thème récurrent de la littérature moderne. Il a des points communs avec George Bernanos qui s'irritait également du conformisme bourgeois dans *La Grande peur des bien-pensants* (1931) et avec François Mauriac, qui avait abordé le thème de la lutte entre l'individu et le conformisme familial. Certains critiques le rattachent à la littérature sociale des années soixante, bien que cette littérature ne forme pas un genre en soi.

LES THÈMES PRINCIPAUX

Dans *Vipère au poing*, l'auteur dénonce à maintes reprises l'hypocrisie du milieu catholique bourgeois. Il critique le pharisaïsme des Rezeau, dont la pratique religieuse est liée davantage à un souci exacerbé des apparences plutôt qu'à une foi véritable. Jean parlera du caractère ostentatoire du catholicisme de son père en ces termes : « La foi de notre père n'était pas de celles qui soulèvent les montagnes, mais elle était lourde et encombrante comme le mont Blanc. » Également, c'est par souci de conserver son faste dans la région que leur père se refuse à perdre l'indult, soit le privilège d'entendre la messe à domicile. Dans le roman, la religion va surtout faire office de prétexte à des punitions fondamentalement injustes et à des vexations répétées. La confession publique organisée par Folcoche est ainsi comparée à un « déshabillage de conscience » et à un « viol ». La religion est désacralisée dans le roman de Bazin qui utilise pour ce faire des images détournées (le narrateur compare ainsi le seau des toilettes à un ciboire), des formulations étonnantes comme « éthylisme sacré » ou encore décrédibilise la fonction ecclésiastique par l'usage de la caricature et de la parodie (au premier chapitre, le protonotaire qui vient de s'illustrer par sa lâcheté est comparé au vaillant Saint Michel). Enfin, l'auteur critique le comportement vaniteux des Rezeau qui cherchent à bien paraître en société malgré la précarité de leur situation financière. Jacques Rezeau refuse de prendre un travail rémunéré pour respecter des principes surannés, et le couple finance des réunions mondaines très coûteuses, et parfaitement insignifiantes aux yeux de leur second fils.

La mère est associée à un serpent, et Jean à Hercule dans l'incipit du roman. Par cette référence mythologique, l'auteur octroie à ses personnages une dimension inhumaine. L'ignoble surnom Folcoche utilisé par ses fils déshumanise encore la figure maternelle. La mère est un monstre capable de dévorer ses propres enfants. En effet, « Folcoche » désigne dans le patois angevin la truie qui mange ses petits aussitôt qu'elle a mis bas. La mère tyrannise ses enfants : elle invente à loisir de nouvelles règles et de nouvelles punitions, abus qui ne cessent de s'aggraver à mesure que le récit progresse. Sa monstruosité finit par produire un effet miroir sur les enfants qui complotent alors des projets de vengeance toujours plus audacieux. Ils tentent finalement de la tuer. Mais la bête est tenace et, malgré tous ses problèmes de santé, leur mère ne capitule pas. Lors d'une escapade, Jean tue une femelle oiseau en la transperçant à plusieurs reprises avec un outil improbable. Il est pris dans l'élan d'une cruauté apparemment incompréhensible. Il veut montrer la force de sa détermination et fait peur à son petit frère Marcel. Le choix du sexe de l'oiseau et le fait qu'elle couvait des œufs n'est ainsi pas un hasard et renvoie aux tentatives de matricide : il assassine symboliquement cette mère invincible. En pleine puberté, il lutte contre cette autre vipère qui renvoie cette fois à son désir pour les femmes. Mais il finit par séduire une petite fermière qu'il délaisse sans plus de considération. Il dit explicitement qu'il fait payer les fautes de sa mère qui lui a refusé son amour à toute la gente féminine. La confrontation continue jusqu'à ce que Jean réussisse à prendre en défaut sa mère qui voulait le faire accuser de vol. Mais pour lui, cette lutte continue et il exprime le désir de marcher à jamais une vipère au poing. Il est seul contre le monde car il renie tout jusqu'à dieu lui-même au nom de la haine qu'il voue à la femme qui l'a mis au monde. Hervé Bazin fait donc de son personnage principal un héros tragique, né dans une famille maudite qu'il surnomme les Atrides.

DANS LA MÊME COLLECTION
(par ordre alphabétique)

- **Anonyme**, *La Farce de Maître Pathelin*
- **Anouilh**, *Antigone*
- **Aragon**, *Aurélien*
- **Aragon**, *Le Paysan de Paris*
- **Austen**, *Raison et Sentiments*
- **Balzac**, *Illusions perdues*
- **Balzac**, *La Femme de trente ans*
- **Balzac**, *Le Colonel Chabert*
- **Balzac**, *Le Lys dans la vallée*
- **Balzac**, *Le Père Goriot*
- **Barbey d'Aurevilly**, *L'Ensorcelée*
- **Barbey d'Aurevilly**, *Les Diaboliques*
- **Bataille**, *Ma mère*
- **Baudelaire**, *Les Fleurs du Mal*
- **Baudelaire**, *Petits poèmes en prose*
- **Beaumarchais**, *Le Barbier de Séville*
- **Beaumarchais**, *Le Mariage de Figaro*
- **Beauvoir**, *Mémoires d'une jeune fille rangée*
- **Beckett**, *Fin de partie*
- **Brecht**, *La Noce*
- **Brecht**, *La Résistible ascension d'Arturo Ui*
- **Brecht**, *Mère Courage et ses enfants*
- **Breton**, *Nadja*
- **Brontë**, *Jane Eyre*
- **Camus**, *L'Étranger*
- **Carroll**, *Alice au pays des merveilles*
- **Céline**, *Mort à crédit*
- **Céline**, *Voyage au bout de la nuit*

- **Chateaubriand**, *Atala*
- **Chateaubriand**, *René*
- **Chrétien de Troyes**, *Perceval*
- **Cocteau**, *Les Enfants terribles*
- **Colette**, *Le Blé en herbe*
- **Corneille**, *Le Cid*
- **Crébillon fils**, *Les Égarements du cœur et de l'esprit*
- **Defoe**, *Robinson Crusoé*
- **Dickens**, *Oliver Twist*
- **Du Bellay**, *Les Regrets*
- **Dumas**, *Henri III et sa cour*
- **Duras**, *L'Amant*
- **Duras**, *La Pluie d'été*
- **Duras**, *Un barrage contre le Pacifique*
- **Flaubert**, *Bouvard et Pécuchet*
- **Flaubert**, *L'Éducation sentimentale*
- **Flaubert**, *Madame Bovary*
- **Flaubert**, *Salammbô*
- **Gary**, *La Vie devant soi*
- **Giraudoux**, *Électre*
- **Giraudoux**, *La Guerre de Troie n'aura pas lieu*
- **Gogol**, *Le Mariage*
- **Homère**, *L'Odyssée*
- **Hugo**, *Hernani*
- **Hugo**, *Les Misérables*
- **Hugo**, *Notre-Dame de Paris*
- **Huxley**, *Le Meilleur des mondes*
- **Jaccottet**, *À la lumière d'hiver*
- **James**, *Une vie à Londres*
- **Jarry**, *Ubu roi*
- **Kafka**, *La Métamorphose*
- **Kerouac**, *Sur la route*
- **Kessel**, *Le Lion*

- **La Fayette**, *La Princesse de Clèves*
- **Le Clézio**, *Mondo et autres histoires*
- **Levi**, *Si c'est un homme*
- **London**, *Croc-Blanc*
- **London**, *L'Appel de la forêt*
- **Maupassant**, *Boule de suif*
- **Maupassant**, *Le Horla*
- **Maupassant**, *Une vie*
- **Molière**, *Amphitryon*
- **Molière**, *Dom Juan*
- **Molière**, *L'Avare*
- **Molière**, *Le Malade imaginaire*
- **Molière**, *Le Tartuffe*
- **Molière**, *Les Fourberies de Scapin*
- **Musset**, *Les Caprices de Marianne*
- **Musset**, *Lorenzaccio*
- **Musset**, *On ne badine pas avec l'amour*
- **Perec**, *La Disparition*
- **Perec**, *Les Choses*
- **Perrault**, *Contes*
- **Prévert**, *Paroles*
- **Prévost**, *Manon Lescaut*
- **Proust**, *À l'ombre des jeunes filles en fleurs*
- **Proust**, *Albertine disparue*
- **Proust**, *Du côté de chez Swann*
- **Proust**, *Le Côté de Guermantes*
- **Proust**, *Le Temps retrouvé*
- **Proust**, *Sodome et Gomorrhe*
- **Proust**, *Un amour de Swann*
- **Queneau**, *Exercices de style*
- **Quignard**, *Tous les matins du monde*
- **Rabelais**, *Gargantua*
- **Rabelais**, *Pantagruel*

- **Racine**, *Andromaque*
- **Racine**, *Bérénice*
- **Racine**, *Britannicus*
- **Racine**, *Phèdre*
- **Renard**, *Poil de carotte*
- **Rimbaud**, *Une saison en enfer*
- **Sagan**, *Bonjour tristesse*
- **Saint-Exupéry**, *Le Petit Prince*
- **Sarraute**, *Enfance*
- **Sarraute**, *Tropismes*
- **Sartre**, *Huis clos*
- **Sartre**, *La Nausée*
- **Senghor**, *La Belle histoire de Leuk-le-lièvre*
- **Shakespeare**, *Roméo et Juliette*
- **Steinbeck**, *Les Raisins de la colère*
- **Stendhal**, *La Chartreuse de Parme*
- **Stendhal**, *Le Rouge et le Noir*
- **Verlaine**, *Romances sans paroles*
- **Verne**, *Une ville flottante*
- **Verne**, *Voyage au centre de la Terre*
- **Vian**, *J'irai cracher sur vos tombes*
- **Vian**, *L'Arrache-cœur*
- **Voltaire**, *Candide*
- **Voltaire**, *Micromégas*
- **Zola**, *Au Bonheur des Dames*
- **Zola**, *Germinal*
- **Zola**, *L'Argent*
- **Zola**, *L'Assommoir*
- **Zola**, *La Bête humaine*
- **Zola**, *Nana*
- **Zola**, *Pot-Bouille*